Come on, boy! Fetch!

STAR WARS™

Come on, boy! Fetch!

Come on,
boy! Fetch!

STAR WARS™

Come on, boy! Fetch!

Come on, boy! Fetch!

STAR WARS™

Come on, boy! Fetch!

Come on, boy! Fetch!

Come on,
boy! Fetch!

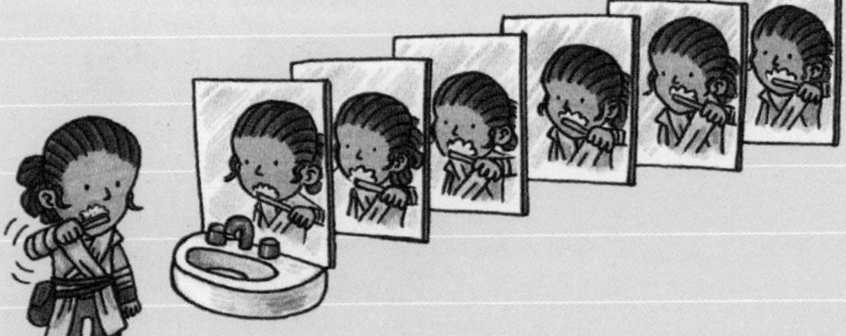

Come on,
boy! Fetch!

Come on, boy! Fetch!

Come on, boy! Fetch!

Come on, boy! Fetch!

Come on,
boy! Fetch!

STAR WARS™

Come on, boy! Fetch!

STAR WARS™

Come on, boy! Fetch!

Come on, boy! Fetch!

Come on, boy! Fetch!

Come on, boy! Fetch!

STAR WARS™

STAR WARS™

Come on,
boy! Fetch!

Come on, boy! Fetch!

Come on, boy! Fetch!

STAR WARS™

STAR WARS™

Come on, boy! Fetch!

STAR WARS™

STAR WARS™

Come on, boy! Fetch!

Come on, boy! Fetch!